¿Te imaginas cómo sería el mundo si no hubiera habido mujeres

que se atrevieran a luchar por sus sueños, a defender sus ideas y a transformar la realidad? «Niñas líderes, inspirando el cambio» es una colección de historias inspiradoras y divertidas que muestran el potencial y la magia de las niñas. Cada cuento narra las aventuras y los desafíos de una niña diferente, que con su ingenio, valentía y solidaridad logra superar las dificultades y cumplir sus sueños. Desde una niña que quiere ser astronauta, hasta una que se enfrenta al *bullying* en el colegio, pasando por una que descubre su pasión por el arte, estas historias enseñan a las niñas a creer en sí mismas, a respetar la diversidad y a luchar por un mundo mejor. Un libro ideal para regalar a las niñas, que las hará reír, emocionarse y reflexionar. Pretende ser el inicio de una colección de varios libros para motivar a las niñas a seguir sus propios caminos, a creer en sí mismas y a aportar su granito de arena para hacer del mundo un lugar mejor. Un libro para leer, disfrutar y aprender. Un libro para ser líder.

Valores implícitos

El respeto por la diversidad y la inclusión, la importancia de la autoestima y la autenticidad, el valor del trabajo en equipo y la colaboración son ejes centrales de estas historias. Además, se destaca la equidad de género, el empoderamiento infantil, la resiliencia frente a las adversidades y la capacidad de soñar en grande. Cada personaje aprende que el cambio comienza desde uno mismo y que con valentía y perseverancia es posible superar cualquier obstáculo.

Niñas lideres, inspirando el cambio

© del texto: Denis Martos Azorín
© de las ilustraciones: Anna Dabrowska
© del diseño y corrección: Equipo BABIDI-BU

© de esta edición:
Editorial BABIDI-BU, 2025
Avda. San Francisco Javier, 9. 6ª, 23
Edificio Sevilla 2
41018 - SEVILLA
Tlfn: 912 665 684
info@babidibulibros.com
www.babidibulibros.com

Impreso en España
Primera edición: mayo, 2025

ISBN: 979-13-87735-18-0
Depósito Legal: SE 420-2025

Niñas Líderes,

inspirando al cambio

Denis Martos Azorín • Ilustrado por Anna Dabrowska

Ana y el club de los valientes

Acababa de mudarse con su familia a otra ciudad. Estaba nerviosa por empezar en un colegio nuevo, pero también por conocer a sus compañeros y a sus compañeras. Era una niña inteligente, curiosa y valiente. Le gustaba leer y aprender cosas nuevas.

El primer día de clase, se presentó con una sonrisa. Contó que venía de otra ciudad y que le encantaban los libros. Esperaba hacer amigos pronto... pero no fue así. Un grupo de niñas se burló de ella y le dijo que era una empollona, una sabelotodo y una aburrida. Estaba triste y avergonzada.

Los días siguientes fueron peores. Las niñas no solo se reían de ella sino que también le quitaban sus cosas, le hacían bromas pesadas y le ponían motes ofensivos. Se sentía cada vez más sola. No quería ir al colegio ni hablar con nadie ni leer sus libros favoritos (acabó pensando que por ser diferente era culpa suya).

No se atrevía a contarle a nadie lo que le pasaba. Tenía miedo de que las niñas se enteraran y la trataran peor. Creía que no la iban a entender y que no la podrían ayudar. Se sentía atrapada en una situación sin salida.

Un día vio un cartel en el pasillo del colegio que decía «¿Te gustan los libros? ¿Quieres compartir tus lecturas con otras personas? ¿Quieres des-

cubrir nuevos mundos y vivir aventuras increíbles? ¡Únete al club de lectura! Nos reunimos todos los viernes en la biblioteca después de clase. ¡Te esperamos!».

Sintió una chispa de ilusión: le encantaban los libros. Y siempre había querido formar parte de un club de lectura. Pensó que allí encontraría a otros niños que compartieran su pasión... y que la aceptarían tal y como era. Decidió ir al club de lectura el viernes.

Llegó el viernes y fue a la biblioteca con su mochila llena de libros. Allí se encontró con niños que la recibieron con una sonrisa. Se presentaron y le preguntaron qué libros le gustaban. Ana comprobó que tenían gustos en común. Empezaron a hablar de sus lecturas favoritas, de los personajes que les inspiraban, de las historias que les emocionaban... Se sintió cómoda y feliz.

El club de lectura se convirtió en su lugar favorito del colegio. Había personas que la valoraban por lo que era y no por lo que aparentaba. Aprendió y disfrutó de los libros. Allí recuperó su autoestima: eso la empoderó para contar lo que le pasaba con las niñas que le hacían *bullying*. Se lo dijo a sus padres, a sus profesores y a sus amigos del club de lectura. Todos la apoyaron y la ayudaron a encontrar una solución. Los profesores hablaron con esas niñas y les explicaron la gravedad de los hechos, y que podían hacer daño a una persona con sus palabras y con sus acciones. Sus padres la animaron a ser ella misma, a que las críticas no le afectasen. Sus amigos del club la acompañaron durante los siguientes días.

Ana logró superarlo. Aprendió que no estaba sola, que tenía que compartir lo que le sucedía y que no era culpable de ello No había que cambiar para gustar a los demás: tenía que quererse tal y como era. Aprendió que los libros eran aliados y amigos.

Se convirtió en una niña feliz y estaba más segura de sí misma. Siguió asistiendo al club de lectura cada viernes: allí había creado un grupo de amigos que la aceptaba y la apoyaba, y con los que se sentía segura.

Sofía y el arcoíris de la diversidad

Sofía era una niña inteligente. Era curiosa y valiente. Le gustaba leer y aprender cosas nuevas. Soñaba con ser una gran abogada. Respetaba la diversidad y luchaba contra la discriminación. Creía que todos los seres humanos eran iguales en derechos y dignidad, pero también que eran diferentes y especiales.

Un día se enteró de que en su colegio se iba a celebrar el día de la Diversidad, para reconocer y valorar la riqueza de las distintas culturas, lenguas, religiones, etnias, orientaciones sexuales e identidades de género que convivían en el colegio. Se emocionó al saber que participaría en ese día tan importante.

Se unió al comité organizador y allí conoció a otros que también querían participar. Pensaron en diferentes actividades: una exposición de carteles, una muestra de bailes típicos, una degustación de comidas del mundo, un recital de poemas multilingües... Sofía propuso hacer un mural gigante con un arcoíris que representara la diversidad.

El comité se puso manos a la obra. Cada uno se encargó de una tarea diferente. Ella se ocupó de los materiales para el mural: pinturas, pinceles, papel, tijeras... También del arcoíris y de pedir el permiso a la directora para pintarlo en una pared del patio.

Sofía estaba muy ilusionada con su proyecto. Quería que el mural fuera bonito y significativo, que fuera un símbolo de la diversidad y la inclusión. Quería que fuera un regalo para todos.

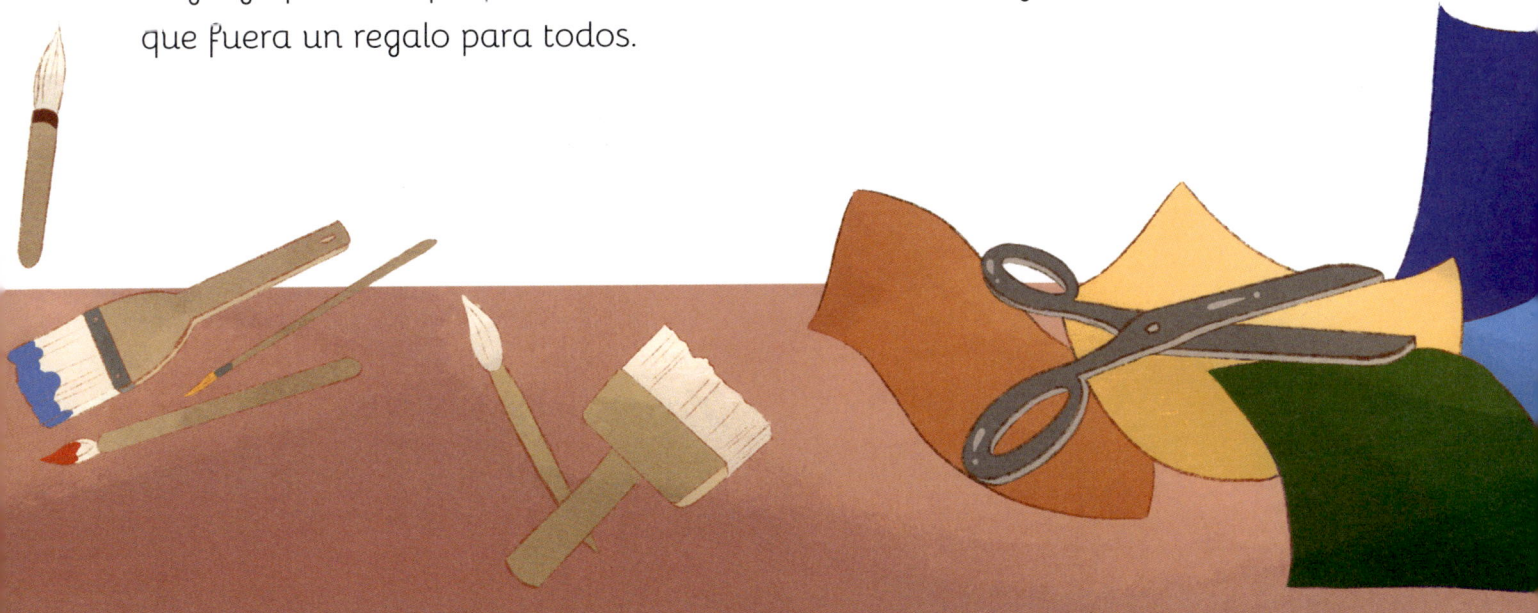

Pero no todo el mundo estaba contento con el proyecto. Un grupo se opuso al mural; los mismos que antes le habían hecho *bullying* a su amiga Ana por ser nueva (y por gustarle los libros). Los mismos que se burlaban de los demás por ser diferentes, los que no respetaban a la diversidad.

El grupo se acercó cuando estaba preparando el mural. Le dijeron que el arcoíris era una tontería y que la diversidad era una mentira: que solo había una forma correcta de ser y de vivir. La amenazaron con destrozarlo, no iban a dejar que lo pintara.

Sofía se sintió asustada. Estaba enfadada. Le costaba creer que hubiera gente tan intolerante y cruel. No podía permitir que arruinaran su proyecto y su sueño ni callarse.

Pero decidió enfrentarse al grupo. Les contestó que el arcoíris era una maravilla, que la diversidad era una realidad... hay muchas formas válidas de ser y de vivir. Les dijo que quería ver ese mural en su colegio, que lo protegería y que iba a pintarlo con orgullo.

Y no estaba sola. Sus amigos y todos los miembros del comité organizador la apoyaban; la defendieron. También sus padres, sus profesores y otros compañeros del colegio de otros cursos. Todos se pusieron del lado de Sofía y del mural.

El grupo terminó sin argumentos y sin «fuerzas». Vieron que estaban equivocados. Se marcharon, avergonzados y derrotados.

Ella respiró aliviada y sonrió. Defendió su proyecto. ¡Había luchado contra la discriminación!

Sofía y sus amigos pintaron el mural con colores vivos. Con amor y respeto.

Con esperanza y alegría.

El mural quedó precioso. Era un símbolo de la diversidad y la inclusión. Un regalo para todo el colegio.

El día de la Diversidad fue un éxito. Disfrutaron de las actividades y aprendieron a valorar las diferencias. Todos se sintieron parte de una gran familia multicolor.

Sofía se sintió feliz y orgullosa. Cumplió su sueño: ser una gran abogada.

Lucía y el libro mágico de la sexualidad

Era una niña muy inquieta, con muchas ganas de aprender acerca de lo que sucedía a su alrededor. Quiso saber más sobre sexualidad y aprendió así a conocer mejor su propio cuerpo. Y a entender de esa manera, todos los cambios que estaba viviendo y conseguir comprender las emociones que estaba sintiendo en los últimos meses.

Un día, Lucía encontró un libro en la biblioteca del colegio que hablaba de la sexualidad de forma clara, divertida y respetuosa. Respondía a todas las preguntas que tenía sobre ello y le enseñaba a conocerse mejor a sí misma y a los demás.

Lucía se llevó el libro a casa y lo leyó con atención. Le explicaba cosas como:

—La sexualidad es una parte natural y positiva de la vida de las personas.

—Tiene que ver con el cuerpo, pero también con los sentimientos, las emociones, los deseos, los valores y las relaciones.

—Se expresa de diferentes formas: con palabras, con gestos, con caricias, con besos, con abrazos...

—Se puede vivir de diferentes maneras: solo/a o acompañado/a, con personas del mismo sexo o del sexo opuesto, con amor o sin amor...

—Se debe disfrutar de forma libre, responsable, segura y placentera.

—Tiene que ser respetada, siempre: la propia y la ajena.

Lucía aprendió muchas cosas y se sintió más segura y feliz. Supo que tenía derecho a decidir sobre su cuerpo y su sexualidad; nadie podía obligarla a hacer algo que no quisiera ni podía tocarla sin su permiso. Nadie podía abusar de ella.

Decidió compartir ese libro «mágico» con sus compañeros. Pensó que también querrían saber más y que también querrían cuidar de su propio cuerpo y de sus emociones. Les invitó a leerlo y a comentarlo.

Sus amigos lo leyeron y lo comentaron con ella. Les gustó el libro y les pareció muy útil e interesante. Aprendieron y ello les hizo sentirse más seguros y felices.

Ahora era una niña más informada sobre la sexualidad y más consciente. Siguió leyéndolo y siguió compartiéndolo con sus amigos.

Un día supo que Laura, una de sus compañeras de clase, estaba pasando por un momento difícil: le confesó que le gustaba una chica de la clase de al lado, pero que tenía miedo de que la rechazara, de que se riera de ella, de que la insultara... de que pensasen que era un bicho raro. De que no la aceptaran tal y como era.

Se sintió triste por ella. Quería ayudarla, decirle que no debía tener miedo, no tenía nada de malo el sentir lo que sentía, que no se avergonzase de su orientación sexual (la aceptaba y la quería tal cual; era su amiga y podía contar con ella). Le dijo que el libro «mágico» le había enseñado que la sexualidad se podía vivir de diferentes maneras y que todas eran válidas.

Laura se sintió aliviada. Le dio las gracias a Lucía, por su ayuda y por su amistad. Por comprenderla y apoyarla. Le dijo que le gustaría leerlo y ver si le podía servir para sentirse mejor. Lucía se lo prestó.

Al leerlo, Laura se sintió más segura. El libro le confirmó lo que Lucía le había dicho: que no tenía que cambiar para gustar, tenía derecho a ser feliz con quien quisiera (también le dio consejos para afrontar situaciones de discriminación o rechazo).

Decidió dar el paso y declararse a Sara, la chica que le gustaba (que también era de su colegio). Le dijo lo que sentía con sinceridad. Y para su sorpresa, Sara le contestó: sentía lo mismo. Se besaron y se hicieron novias.

Les contó a todos su orientación sexual. Sus padres la abrazaron y le dijeron que la querían tal y como era. Sus profesores la felicitaron (la apoyaban en todo). Sus amigos lo aplaudieron (estaban orgullosos de ella).

Laura pudo vivir su sexualidad abiertamente. Aprendió a quererse tal y como era y a expresar sus sentimientos sin vergüenza ni culpa.

Lucía estaba orgullosa por Laura. La ayudó a conocerse y a aceptarse tal y como era.

Martina y la estrella fugaz

Martina tenía diez años y vivía en una gran ciudad. Le encantaba aprender; hacía experimentos y resolvía problemas. Quería ser científica y hacer descubrimientos importantes. Sin embargo, su familia le decía que debía dedicarse a cosas más femeninas. En el colegio se burlaban de ella (la llamaban empollona).

En su habitación un día, mientras miraba por la ventana, vio a una estrella fugaz. Recordó haber leído que, si pedías un deseo se cumpliría. Así que cerró los ojos y pensó: «Quiero ser una gran científica y demostrar que las niñas podemos hacer lo que nos propongamos».

Cuando despertó encontró en su mesita de noche un sobre con su nombre. Lo abrió y leyó:

Querida Martina,

Soy la estrella fugaz que viste anoche. Tu deseo me ha parecido noble y valiente. Voy a ayudarte a cumplirlo. Dentro de este sobre hay una invitación para participar en un concurso de ciencias para jóvenes talentos. El ganador podrá visitar el laboratorio más prestigioso del mundo y conocer a los mejores científicos actuales. Creo que es tu oportunidad de demostrar lo que vales y de cumplir tu sueño. Solo tienes que preparar un proyecto original y presentarlo ante el jurado. Tienes dos semanas. No pierdas esta ocasión única y confía en ti misma. Estoy segura de que lo conseguirás.

Tu amiga,
La estrella fugaz

No podía creer lo que estaba leyendo. Era el mejor regalo que podía recibir. Se puso manos a la obra y empezó a pensar en un proyecto científico que fuera innovador y útil. Se le ocurrió una idea para crear un dispositivo que pudiera detectar la contaminación del aire y alertar a las personas sobre los riesgos para su salud. Se pasó los días siguientes investigando, experimentando y construyendo su prototipo, hasta que lo consiguió después de mucho trabajo y esfuerzo.

Llegó el día del concurso. Había otros muchos participantes, la mayoría chicos, que también habían presentado sus proyectos. Martina se sintió nerviosa al verlos, pero recordó las palabras de la estrella fugaz y se armó de valor. Llegó su turno y explicó con claridad y entusiasmo al jurado su trabajo, y cómo funcionaba.

El jurado se quedó impresionado, por el trabajo de Martina y por su pasión por la ciencia con la gran exposición que realizó. Y tras deliberar, anunciaron el resultado: Martina era la ganadora. Todos aplaudieron y la felicitaron... no podía contener su emoción, su primer gran éxito como científica.

Martina recibió su premio: un viaje al laboratorio más prestigioso del mundo, donde conocería a los mejores científicos y científicas del momento y aprendería de ellos. Estaba feliz. Y le agradecía a la estrella fugaz el haber hecho su sueño posible.

Esa noche antes de dormir, miró por la ventana y vio a otra estrella fugaz. Sonrió y pensó: «Gracias por ayudarme a cumplir mi deseo. Has sido mi mejor inspiración. Pero ya no necesito pedirte nada más. He aprendido que, si quiero algo, tengo que luchar por ello. Las niñas podemos hacer lo que nos propongamos; solo tenemos que creer en nosotras».

Berta y la carrera de obstáculos

Berta tenía ocho años y vivía en una granja. Le encantaba correr, saltar y trepar por todos lados. Su sueño era participar en una carrera de obstáculos que se celebraba cada año en el pueblo vecino. Pero su familia no la dejaba; ellos le decían que era algo de chicos. Debía dedicarse a ayudar en la granja. En el colegio además se burlaban de ella (le decían marimacho) por no tener amigas.

Un día, en la granja, mientras ayudaba a su padre a arreglar el tractor, vio un cartel en el que se anunciaba la carrera. El plazo para inscribirse terminaba en ese mismo día. Berta sintió el impulso irresistible de apuntarse, se escapó y se montó en el autobús que la llevaba al pueblo vecino. Sabía que sus padres se enfadarían, pero no podía dejarlo pasar.

Llegó al pueblo y se dirigió al lugar donde se hacían las inscripciones. Allí había muchos niños y niñas que también querían participar en la carrera. Berta se acercó a la mesa donde había un señor con una lista y un bolígrafo.

—Hola, vengo a apuntarme —dijo con voz firme.

—¿Cómo te llamas? —preguntó el señor.

—Berta.

—¿Y tu apellido?

—Pérez.

—¿Cuántos años tienes?

—Ocho.

—¿Y dónde vives?

—En la granja de los Pérez —respondió Berta.

El señor buscó en la lista y frunció el ceño.

—Lo siento, pero no puedes participar en la carrera —le respondió.

—¿Por qué no? —preguntó sorprendida.

—Porque es una carrera para chicos —le contestó el señor.

—¿Qué? ¿Cómo que para chicos? —exclamó indignada.

—Así es. Las normas son las normas. Es muy dura y peligrosa. No es apta para chicas —dijo.

—Eso es una tontería. Podemos hacer lo mismo que los chicos. Yo soy muy fuerte y valiente. No tengo miedo a nada —replicó Berta.

—No lo dudo, pero las reglas son las reglas. No puedo dejarte participar. Lo siento —concluyó.

Berta estaba frustrada y se sintió tratada de forma injusta. No lo podía creer; que se negaran por ser una niña. Se marchó con los ojos llenos de lágrimas.

Mientras caminaba por el pueblo vio a un grupo de niños que se preparaban para la carrera. Allí estaba Luis, el más popular (y presumido) del colegio. Se burlaba de ella y le decía que era una perdedora.

Al verla pasar le gritó:

—¡Eh, Berta! ¿Qué haces aquí? ¿Has venido a ver cómo ganamos?

Los demás se rieron y corearon:

—¡Berta perdedora! ¡Berta perdedora!

Ella se detuvo y los miró con rabia.

—No soy una perdedora. Soy una ganadora —dijo.

—Ja, ja, ja. ¿Una ganadora? ¿De qué? ¿De limpiar la granja? —Luis se mofó.

—No, de correr —le contestó.

—¿De correr? ¿Tú? Pero si eres una tortuga.

—No soy una tortuga, soy una liebre.

—¿Una liebre? ¿Y dónde está tu cola?

—No la necesito para correr más que tú.

—¿Más que yo? ¡Qué risa! Yo soy el más rápido de todos.

—Pues yo soy más rápida que tú —le contestó Berta.

—¿Ah, sí? ¿Quieres apostar? —respondió Luis.

—Sí.

—¿Qué apostamos?

—Lo que quieras.

—Vale. Apostaremos que si yo gano harás todas mis tareas del colegio durante un mes. Y si ganas la carrera tú, haré las tuyas —dijo él.

—De acuerdo —contestó Berta.

—Pero hay un problema. No puedes participar, es solo para chicos.

—No es justo. Tengo derecho a participar —dijo.

—Pues tendrás que convencer al señor de las inscripciones. Él es quien manda —se animó a decir Luis.

—Está bien. Iré a hablar con él.

Berta se dirigió de nuevo a la mesa donde estaba ese hombre. Quería participar. Le explicó que había hecho una apuesta con Luis.

El señor la miró con simpatía y le dijo:

—Berta, me caes bien. Eres valiente y decidida. Pero no puedo dejarte participar, las normas son las normas. Es solo para chicos.

—Por favor, señor. Déjeme participar. Solo quiero demostrar que las chicas podemos hacer lo mismo que los chicos. No le pido ningún otro favor, solo una oportunidad.

El señor se quedó pensativo. Le dijo:

—Te voy a hacer una propuesta: si reúnes a diez chicas, os dejaré inscribiros. Así habrá más igualdad y competencia. ¿Qué te parece?

Berta se iluminó.

—Me parece genial Muchas gracias, señor. Voy a buscar a otras chicas que quieran correr.

Buscó por el pueblo a otras chicas. No fue fácil: o no les interesaba o tenían miedo. Pero no se rindió y consiguió reunir a diez niñas.

Así que volvió a la mesa donde estaba el señor de las inscripciones y se las presentó.

—He cumplido su reto. Aquí están las otras diez chicas que quieren participar en la carrera —le dijo.

El señor se sorprendió y sonrió.

—Berta, estoy impresionado. Has demostrado tener mucha iniciativa y liderazgo. Te felicito. Cumpliré mi palabra y os dejaré inscribiros. Aquí tenéis vuestros dorsales y las camisetas. Suerte y que gane la mejor —les deseó.

Se pusieron sus dorsales y las camisetas (que eran de color rosa). Se situaron en la línea de salida, donde estaban los demás participantes, todos chicos.

Al verlas llegar, los chicos se quedaron boquiabiertos y empezaron a reírse y a burlarse de ellas.

—¡Mira! ¡Unas niñas! ¿Qué hacen aquí? ¿Se han perdido? —dijo uno.

—¡Qué graciosas! ¡Van de rosa! ¿Es una fiesta de disfraces? —anunció otro.

—¡Qué pena! ¡Van a quedar las últimas! ¿No saben que esta es una carrera solo para chicos? —opinó un tercero.

Luis se acercó a Berta:

—¡Vaya! ¡Así que has conseguido participar! ¿Continua en pie la apuesta?

—¡Claro que sí! —contestó ella.

La carrera consistía en un circuito de obstáculos: había que saltar vallas, trepar por cuerdas, cruzar charcos, esquivar neumáticos... Muchos participantes, pero solo uno podía ser el ganador.

Berta se colocó en la línea de salida. Junto a los demás corredores estaba Luis, que la miró con desdén y le dijo:

—Prepárate para perder, Berta. No tienes nada que hacer.

Berta le devolvió la mirada y le respondió:

—Prepárate para sorprenderte, Luis. No sabes de lo que soy capaz.

Con la señal de salida todos empezaron a correr. Salió disparada, como una flecha, dejando atrás a muchos. Luis también iba rápido, pero no podía alcanzarla. Berta iba superando los obstáculos sin perder ni el ritmo ni la respiración. Luis iba tropezando y resbalando sin dejar de mirarla.

Berta llegó a la meta en primer lugar, Luis en segundo lugar. Todos la aplaudieron y la vitorearon.

Berta lo miró:

—¿Ves? Te lo dije. Soy más rápida que tú.

Luis no supo qué decir. Estaba avergonzado y enfadado por haber perdido contra una niña. Pero ella le tendió la mano:

—No te sientas mal, has hecho una buena carrera. Lo importante es divertirse y hacer deporte. Yo solo quería que comprobases que las niñas somos igual de capaces que los niños.

Luis dudó un momento. Luego aceptó la mano de Berta y reconoció:

—Lo siento, Berta, me he portado mal. Has sido muy fuerte. Te felicito por tu victoria.

Berta sonrió:

—Gracias, Luis. ¿Hacemos las paces?

Luis asintió:

—Sí, quiero ser tu amigo.

—Y no te preocupes —le dijo ella— por hacerme los deberes como habíamos apostado; solo quería demostrar de lo que era capaz.

Berta recibió su premio: una medalla de oro y un diploma que la certificaba como la mejor corredora de obstáculos. Y todos en su pueblo (entre ellos sus padres, que no confiaban en las posibilidades de su hija) se dieron cuenta de que debían tratar de igual manera tanto a las niñas como a los niños. Todos tenemos las mismas oportunidades.

Marta y el huerto comunitario

Vivía en un barrio pobre y descuidado de la ciudad. Tenía siete años. Le gustaba mucho la naturaleza. Marta siempre había querido tener un huerto para cultivar frutas y verduras con las que alimentarse y compartirlas con sus vecinos. Pero su familia no tenía ni dinero ni espacio para hacerlo.

Un día caminando por el barrio vio un terreno lleno de latas, botellas y desperdicios. Entonces pensó que podría ser un buen lugar para un huerto comunitario. Tuvo una idea para limpiar el terreno y convertirlo en un espacio verde y productivo. Habló con sus vecinos también y les pidió que colaborasen.

Marta fue a ver a doña Rosa, una anciana que vivía sola y que tenía un pequeño jardín. Le contó su idea y le preguntó si quería participar.

—Me parece maravillosa, Marta —le dijo—. Yo te puedo ayudar con mis conocimientos de jardinería y darte algunas semillas que tengo guardadas.

—Muchas gracias, doña Rosa —le contestó—. Es usted muy amable.

Marta siguió visitando a otros vecinos y uno a uno les explicó su idea. Algunos se mostraron interesados y se ofrecieron a ayudar, con herramientas, materiales, trabajo... Otros le dijeron que era una pérdida de tiempo o que no funcionaría.

Pero no se desanimó por las críticas y siguió buscando apoyo. Consiguió que el dueño del terreno le diera permiso para usarlo. También que el representante del distrito le diera una subvención para comprar algunos materiales. Y lo más importante: que algunos niños se unieran y formaran un equipo de trabajo.

Marta los organizó. Unos se encargaron de limpiar el terreno y retirar la basura. Otros de preparar la tierra y hacer los agujeros, otros de sembrar y regar. Algunos hicieron carteles para difundir el proyecto.

Ella supervisaba todo el proceso y resolvía los problemas. Era una líder de nacimiento y sabía cómo motivar y coordinar. Sabía inspirar, convencer y movilizar.

El terreno seco y sucio poco a poco se fue transformando en un huerto comunitario. Las plantas crecieron y dieron frutos. El terreno se llenó de color y de vida. Era un lugar de aprendizaje y convivencia para los vecinos, además de una fuente de alimento, ya que los que recolectaban lo llevaban al comedor social.

Marta estaba orgullosa de su obra. Su sueño se había hecho realidad, demostrando que las niñas pueden liderar y ser agentes de cambio en sus comunidades.

Claudia y la canasta de la victoria

Era una niña de 10 años que iba en silla de ruedas. Claudia tenía una enfermedad de nacimiento que le impedía mover las piernas. Aunque se había acostumbrado a su situación, a veces estaba triste y se sentía diferente. Le gustaba ver a sus compañeros de clase jugar al fútbol, al baloncesto, al escondite... pero se limitaba a observar, desde su silla, y deseaba correr y saltar como ellos.

Diego, su profesor de educación física, un día se acercó y le dijo:

—Claudia, ¿te gustaría apuntarte al equipo de baloncesto de la ciudad?

Se quedó sorprendida. No entendía cómo podría jugar al baloncesto si ni siquiera podía ponerse de pie.

—¿Cómo? ¿Yo? ¿Baloncesto? —balbuceó.

—Sí, tú. Hay una liga para personas con discapacidad, se juega con sillas de ruedas adaptadas. Es muy divertido y te ayudará a mejorar, tanto tu autoestima como tu coordinación. Además, harás nuevos amigos y te lo pasarás muy bien.

Claudia no sabía qué decir. Por un lado, le daba miedo probar algo nuevo y fracasar. Por el otro, le intrigaba la idea de practicar un deporte y sentirse parte de un equipo.

—¿Y si no soy buena? ¿Y si me caigo? ¿Y si me hacen daño?

—No te preocupes. Yo te enseñaré las reglas y los trucos para jugar bien. Te prestaré una silla especial; es segura y cómoda. Los demás te recibirán con los brazos abiertos, son muy simpáticos.

Diego le sonrió con cariño y le tendió la mano.

—¿Qué me dices? ¿Te animas?

Por un momento dudó, pero luego recordó las palabras de su madre: «La fuerza está en tu interior; con esfuerzo y perseverancia puedes mejorar y cumplir lo que te propongas». Así que respiró hondo y aceptó.

—Está bien. Lo intentaré.

—¡Muy bien, Claudia! Ven conmigo, te presentaré a tus nuevos compañeros. Estoy orgulloso de ti.

Diego la llevó al gimnasio, donde había un grupo que se preparaba para entrenar. Al verlos llegar se les acercaron para saludarlos.

—Hola, profesor. ¿Quién es esta chica?

—Hola, chicos. Os presento a Claudia. Es una alumna mía que quiere apuntarse al equipo.

—¡Hola, Claudia! Bienvenida al club, somos los Dragones (el mejor equipo de baloncesto en silla de ruedas de la ciudad).

Había niños y niñas, con diferentes edades y condiciones físicas (algunos habían nacido con discapacidad, otros la habían adquirido tras sufrir algún accidente o alguna enfermedad, pero todos compartían la pasión por el baloncesto).

Se sintió acogida desde el primer momento. Le enseñaron las normas del juego, le prestaron una silla adecuada y le ayudaron a practicar los pases, los tiros y las defensas. Al principio le costó adaptarse al ritmo y al manejo de la silla, pero fue cogiendo confianza poco a poco.

Claudia descubrió un deporte muy divertido y emocionante: le gustaba sentir la velocidad, el viento en la cara, la adrenalina de competir... el formar parte de un equipo, colaborar y celebrar los puntos conseguidos... y sobre todo, el sentirse útil, capaz y feliz.

Se apuntó a la liga de baloncesto en silla de ruedas y empezó a jugar partidos con los Dragones. Al principio solo unos minutos al final de cada partido, pero con el tiempo fue ganando protagonismo. Se esforzaba por mejorar y por aprender de sus compañeros.

Los Dragones era un buen equipo, pero había otros más fuertes que les ganaban con facilidad. Pero no se rendían y seguían entrenando y jugando con ilusión. El objetivo era enfrentarse al equipo más temido en la final.

Los Tiburones eran el equipo invicto de la liga y los favoritos para ganar el campeonato. Rápidos, precisos y agresivos, no tenían piedad y humillaban a sus rivales.

Tras vencer a varios equipos en las eliminatorias se clasificaron para la final. Fue una sorpresa para todos, (excepto para ellos, ya que creían en sus posibilidades).

Estaban muy orgullosos de haber llegado tan lejos, pero sabían que lo más difícil estaba por venir.

La final se celebró con un estadio lleno de público. Los Dragones de rojo y los Tiburones de azul. Ambos equipos se miraron. El árbitro silbó y el partido comenzó.

El partido fue muy reñido (e intenso). Los Tiburones dominaban el marcador. Los Dragones respondían. El público disfrutaba del espectáculo y animaba a los dos equipos.

El tiempo se agotaba y los Tiburones tenían una ventaja de dos puntos. Los Dragones gozaban de la última posesión: la oportunidad para empatar o ganar. Era el momento de Claudia.

Recibió el balón y se dirigió hacia la canasta contraria. Los Tiburones intentaron frenarla, pero ella esquivó cada obstáculo. Llegó al borde del área y se preparó: miró el aro, respiró hondo y lanzó. El balón voló por el aire. Todos los ojos siguieron su trayectoria, expectantes. Primero en el tablero, acto seguido en el aro y finalmente entró en la canasta justo antes de que el reloj marca- ra cero. Era una canasta de tres puntos: los Dragones habían ganado por un punto.

Estallaron en una ovación y se abrazaron eufóricos. ¡Habían de- rrotado a los Tiburones y eran los campeones de la liga! Claudia no podía creerlo, ella anotó la canasta de la victoria.

Los Tiburones los felicitaron, reconocían su mérito y su esfuerzo. El árbitro les entregó el trofeo, y ellos lo levantaron al cielo con orgullo. El público aplaudió (a los dos equipos por el gran partido).

Claudia estaba más feliz que nunca. Su sueño estaba cumplido. Se sentía parte de un equipo. Había demostrado que podía hacer lo mismo que sus compañeros (e incluso mejor). Descubrió que la fuerza radica en su interior, y también que con esfuerzo y perseverancia podía cumplir lo que se propusiera y vio que tenía las mismas oportunidades; tenía que luchar por sus sueños.

Miró a su alrededor y vio a sus compañeros, a su profesor, a sus padres (que habían ido a verla jugar). Le sonreían con gestos de ánimo y admiración. Claudia les devolvió la sonrisa y les hizo un gesto de agradecimiento. Había encontrado su lugar en el mundo.

Lidia y el planetario

Soñaba con ser astronauta. Le fascinaban el espacio y las estrellas, y quería explorar otros planetas. Pero tenía miedo a las alturas, se mareaba con facilidad. Esto le impedía subir a los aviones o a las montañas rusas. Por eso pensaba que nunca viajaría al espacio.

Desde el colegio iban a hacer una visita al planetario, y allí podrían participar en la simulación de un viaje espacial. Lidia se emocionó mucho y quiso ir, pero temía que le diera un ataque de pánico o que se desmayara.

Entonces, su mejor amigo, Carlos, le dijo:

—Lidia, si te lo propones tú puedes ser astronauta. Lo importante es que superes tus miedos y que persigas tu sueño. Yo te voy a ayudar. Vamos a ir juntos al planetario y te voy a dar la mano.

Ella se sintió agradecida. Así que decidió empezar a prepararse con su amigo durante los días previos. Carlos le enseñó algunos ejercicios de respiración y relajación para calmar su ansiedad. También le regaló una pulsera anti-mareos para ayudarle a mantener el equilibrio.

Poco a poco fue perdiendo el miedo a las alturas. Podría disfrutar de las vistas y de la sensación de volar. Se imaginaba en una nave espacial que viajaba por el universo.

Llegó el día de la visita y Lidia estaba muy nerviosa, pero a la vez, ilusionada. Carlos la acompañó hasta la sala donde proyectaban la simulación y le dio la mano.

—Tú puedes, Lidia. Eres una gran astronauta. Estoy muy contento de compartir contigo este momento.

Lidia sonrió y entró en la sala. Vio el Sol, la Luna, los planetas, las estrellas... Sintió que flotaba en el espacio.

Cuando terminó la simulación, Lidia se sintió feliz y orgullosa. Había superado su miedo a las alturas y había vivido una experiencia increíble. Se giró hacia Carlos y le hizo un gesto de agradecimiento.

Carlos le devolvió el gesto y le dijo:

—¡Lo has hecho genial, Lidia! ¡Eres una heroína!

Los dos se abrazaron. Habían aprendido que la amistad, la colaboración y el apoyo mutuo son muy importantes para superar los obstáculos.